DE L'UN

DES MOYENS

DE DONNER DE L'ACTIVITÉ

A TOUTES LES INDUSTRIES;

PAR

Aristide L. Pereyra

PARIS.

LADVOCAT, LIBRAIRE,

QUAI VOLTAIRE.

1831.

DE L'UN

DES MOYENS

DE DONNER DE L'ACTIVITÉ

A TOUTES LES INDUSTRIES;

PAR

Aristide L.ᵉ Pereyra.

PARIS.

LADVOCAT, LIBRAIRE,

QUAI VOLTAIRE.

1831.

DE L'UN

DES MOYENS

DE DONNER DE L'ACTIVITÉ

A TOUTES LES INDUSTRIES.

L'opinion publique adopte ou rejette toute idée d'innovation, suivant qu'elle la croit utile ou nuisible dans ses résultats. C'est donc à son jugement qu'un citoyen doit soumettre l'adoption d'un nouveau moyen d'améliorer le sort du plus grand nombre, alors sur-tout que son exécution immédiate lui apparaît aussi facile qu'elle est possible.

Si ce citoyen est assez malheureux pour

n'avoir fait reposer sa conviction que sur des chimères, si bercé par de douces illusions il s'est écarté de la réalité, il espérera ne pas réclamer en vain l'indulgence qui ne saurait méconnaître ses intentions. Elles lui ont été dictées par le désir de voir sa patrie heureuse.

La position spéciale d'un négociant a dû le porter naturellement à rechercher la cause du malaise général dont la Nation se plaint, et celle de la prolongation d'une crise dont tous les intérêts industriels et agricoles sont plus ou moins froissés : les indications lui en ont paru aussi généralement reconnues qu'elles étaient faciles à saisir ; mais comme sous un gouvernement constitutionnel, la cause d'une calamité publique ne peut passer inaperçue, pour qu'elle entraîne la conviction, il faut attendre qu'elle reçoive tout l'éclat d'une vérité, constatée par les mandataires légaux de tous les intérêts.

Elle vient d'acquérir cette force aujourd'hui par le langage de la Nation à son Roi constitutionnel. « La crise qui avait frappé le
» commerce et l'industrie, et qui s'est aggra-
» vée de l'ébranlement d'une grande révolu-
» tion, doit disparaître à mesure que l'ordre
» public sera garanti. La prolongation de cet
» état de souffrance n'est due *qu'à une in-*
» *certitude trop prolongée* (1). »

Il n'y a donc plus de doutes sur la cause des malheurs publics ; *c'est l'incertitude de l'avenir.*

Le devoir et la nécessité imposent aux ministres l'obligation d'y porter un prompt remède. Il faut qu'ils concilient à la fois les plaintes, les besoins de l'agriculture et du com-

(1) Dans la discussion de l'adresse ; la Chambre avait primitivement adopté un amendement proposé par M. Gillon, qui explique d'une manière plus précise que « *la prolon-*
» *gation de cet état de souffrance n'est due qu'à l'in-*
» *certitude.* »

merce, avec les justes exigences de l'honneur
et des sympathies nationales : nous apprécions
toutes les difficultés de leur position ; nous
reconnaissons qu'une grande et difficile tâche
leur est imposée ; mais qu'ils n'en soient pas
effrayés : il y a en France ce sentiment national qu'on n'invoque jamais en vain. Qu'ils en
sollicitent l'appui ; ils se verront bientôt aidés
par le concours unanime de citoyens qui
n'ignorent plus aujourd'hui que la prospérité
de chacun est étroitement liée à celle de tous;
qu'ils appellent les hautes capacités à partager
le poids de la responsabilité morale qui pèse
sur eux, elles lui prêteront toute leur force.
Nous devons en avoir pour garant cette sol-
licitude pour la prospérité de la patrie, qui
vient de faire reconnaître à d'honorables Députés le besoin de se consacrer dans une réunion spéciale à l'examen de tout ce qui pourra
améliorer les intérêts industriels et commer-

ciaux. C'est avec orgueil que nous pouvons nous appuyer d'un tel exemple !

En attendant les résultats heureux que nous devons espérer de cette unanimité de concours, que chacun les facilite de ses recherches, de ses méditations ; que la publicité, en les faisant connaître, n'indique pas seulement ce qui est mal, mais qu'elle s'attache à montrer les nouvelles routes qu'il faudra suivre pour parvenir au bien. Si elle en offre qui pourraient éloigner du but qu'on se propose, elle pourra trouver ceux qui sont de nature à l'atteindre plus sûrement et plutôt. Le moyen le plus simple peut être quelquefois le plus utile. Qu'elle le signale donc à ceux qui ont le mandat d'en faire l'application. Ils pourront l'accepter avec d'autant plus de confiance, qu'ils seront éclairés par le jugement que l'opinion publique en aura porté.

Tels sont les motifs qui m'ont engagé d'avoir recours à la publicité, pour présenter l'un des moyens que je crois le plus propre à produire une prompte amélioration des intérêts en souffrance.

Pour qu'on puisse mieux en calculer l'effet, je crois utile de le faire précéder des considérations générales qui m'en ont fait reconnaître la nécessité.

L'état de malaise dont toutes les existences ont plus ou moins à souffrir est attribué avec raison à l'incertitude de l'avenir.

Lorsque nous signalons au Gouvernement cette cause des malheurs publics, c'est pour que son intervention y mette un terme. Ce que nous lui demandons est-il en son pouvoir? Nous ne le pensons pas. Que telles soient franchement ses intentions comme c'est son devoir, nous l'admettons ; mais nous ne saurions être convaincus qu'il puisse diriger à son gré les déterminations des grandes puissances : nous ne doutons nullement qu'il les influencera par le poids de la force et de la grandeur de la nation qu'il représente ; mais cette influence ne saurait aplanir tous les obstacles qui naîtront de l'état actuel de la vieille Europe.

Que la diplomatie fasse des efforts pour déguiser son véritable esprit, qu'elle cherche par la lenteur de ses formes à laisser au temps le soin de dérouler des événemens qu'elle-même n'aurait su prévoir, qu'elle attende sagement de l'avenir la solution de questions actuellement compliquées et hérissées de difficultés ; telle est la marche que nous pouvons préjuger de nos relations extérieures.

En admettant que le ministère sollicite le désarmement général des nations pour garantie de la paix, qu'il le poursuive de ses vœux et de sa persévérance, que l'intérêt de tous l'exige, que cette nécessité généralement ressentie soit également proclamée, qu'on aborde même les nouvelles difficultés de l'exécution, et qu'en définitive un accord unanime et spontané produise un tel résultat; en l'admettant comme possible, disons-nous, nous n'aurions pas encore une sécurité entière dans l'avenir, car elle ne peut être acquise que lorsque les nombreuses questions qui intéressent si éminemment l'honneur et l'existence de la Nation seront franchement résolues comme elle en a le droit et le désir. Peuvent-elles l'être immédiatement? Il ne serait ni raisonnable de s'y attendre ni de le demander. .

Il résulte donc de la nature même de notre situation, l'impossibilité d'assigner un terme à la continuation de cette incertitude. Ne pourrait-elle d'ailleurs être prolongée sciemment, par des rivaux qui savent comme nous en calculer tous les effets, par des nations qui

ne perdant jamais de vue les moyens d'améliorer leurs intérêts industriels, n'ignorent pas
qu'elles sont appelées à gagner tout ce que
les nôtres perdent? L'État ne pourrait-il être
ainsi affaibli dans ses moyens d'exécution, par
la diminution de la fortune publique qui sui-
vrait celle des fortunes privées dont elle se
compose? Et n'aperçoit-on pas sous ce rap-
port l'intérêt que peuvent avoir toutes les nations à la prolongation d'une incertitude dont
nous devons souffrir plus qu'elles par la nature
de notre position, comme aussi par le plus
ou moins d'influence que la gêne qui en résulte exerce sur les masses, et qui est en rap-
port du degré de civilisation qui peut en mesurer l'étendue?

Si nous reconnaissons les difficultés qui
s'opposent à ce que notre gouvernement puisse
mettre un terme prochain à l'incertitude de
l'avenir, sans le détourner des moyens qu'il

peut avoir en vue pour obtenir un aussi heureux résultat pour la Nation, nous croyons
qu'il lui est possible de prendre actuellement
les mesures que nous allons lui proposer, dont
l'exécution immédiate fera disparaître les déplorables effets de cette incertitude.

Les richesses d'un pays ne consistent pas
seulement dans l'abondance des valeurs qu'il
possède, mais bien dans leur circulation. Un
état de crise ne peut donc être produit que
parce que la circulation est devenue moindre
ou s'est arrêtée.

Nous croyons utile d'appuyer cette vérité
de l'examen des faits accomplis qui ont amené
la non-circulation des valeurs ou la crise dont
l'État souffre aujourd'hui.

Après une tourmente d'un quart de siècle

de guerre dont les revers n'ont pas eu moins
de gloire que les succès, la France achète une
paix qu'elle avait payée assez cher pour croire
à sa durée. Le génie de la guerre se repose,
toutes les facultés intellectuelles sont dirigées
avec l'ardeur naturelle de la Nation vers les
travaux utiles au bien-être général ; les arts,
l'agriculture et l'industrie offrent à de nouveaux
Cincinnatus les moyens d'acquérir une gloire
plus douce et non moins réelle.

À peine la Nation venait-elle de déposer les
armes, qu'on la voit marcher à pas de géant
dans la carrière des améliorations sociales ; son
génie surmonte tous les obstacles qui lui sont
légués par des systèmes peut-être bons pour
les temps de guerre où ils avaient été conçus,
mais impraticables et hérissés d'entraves inutiles, alors qu'ils sont destinés à servir de
règle à des transactions de peuples amis. Tout
grandit à la fois ; le crédit public s'élève en

proportion de la fortune publique, des asso-
ciations surgissent de toutes parts pour des
entreprises trop fortes pour un seul, possibles
pour plusieurs : la circulation des capitaux
se multiplie en proportion de la confiance
qu'entraîne l'activité des transactions. La consommation intérieure étant insuffisante à tous
les genres de productions, quoique la France fût
privée de ses anciennes colonies, le commerce
n'en exploite pas moins toutes les mers. Dé-
pourvu d'appui, contrarié même souvent par
son propre gouvernement dans les relations
à établir, il ne craint pas de se mesurer avec
des rivaux d'autant plus redoutables que depuis long-temps en possession des marchés
étrangers, ils avaient su s'y ménager des avantages qui nous étaient refusés, et que leurs
rapports avec ces peuples étaient déjà anciens,
alors qu'il s'agissait pour nous d'en créer de
nouveaux. Quoi qu'il en soit, dès qu'il reparut,

notre commerce maritime, quelquefois malheureux, mais le plus souvent couronné de
succès, imprime à toutes les productions du
pays une activité et un aliment que la consommation intérieure n'aurait pu lui fournir. Gé-
nies, capitaux, toutes les existences se trouvè-
rent ainsi marcher progressivement vers le bien.
Mais le bien comme le mal a des limites, et
généralement on commet la faute de ne pas le
reconnaître assez tôt.

Les marchés extérieurs, au lieu d'être seulement approvisionnés en proportion de leurs
besoins, deviennent encombrés de nos produits ; leur valeur diminue et leur réalisation
offre des pertes. Le commerçant s'y résout
dans l'espoir d'en être prochainement dédom-
magé par les bénéfices d'une nouvelle expédition. Les mêmes causes produisant les
mêmes effets réagissent sur les fabricans ou
producteurs, qui sont obligés de réduire leurs

prix ; de nouvelles tentatives se succèdent, se multiplient, produisent de nouvelles pertes qui sont ajoutées aux anciennes ; les malheureux négocians qui avaient perdu ainsi leur fortune s'aveuglent encore sur les chances de leurs opérations ; ils ne craignent pas de s'y exposer avec les capitaux seuls que le crédit leur avait confiés; ils ne calculent plus le danger de s'appuyer sur une confiance qui doit disparaître par l'examen des moyens qu'on emploie pour la mériter ; ils se laissent entraîner aux vaines illusions d'un avenir incertain ; ils s'y livrent en aveugles ; peut-être même sont-ils guidés par des sentimens louables et des intentions qui peuvent pallier le tort qu'ils ont eu de compromettre la fortune d'autrui.

L'effet immédiat de pareilles opérations devait rejaillir sur l'industrie ; il se communique avec la vivacité de l'éclair à tous les genres de production, les multiplie à tel point qu'il en rend les mouvemens désordonnés ; il n'est plus possible d'en saisir l'harmonie. On s'aperçoit enfin, mais trop tard, qu'il faut rétablir un équilibre rompu sans lequel on ne saurait marcher que de précipices en précipices. Le seul moyen rationnel pour y parvenir était d'attendre des échanges et de la consommation, le débouché des productions dont tous les pays étaient encombrés (1).

Dans un tel état il était naturel que le capitaliste, examinant les chances dont ses capitaux étaient menacés, craignît pour eux les suites d'une espèce de liquidation générale. Pour l'éviter, il croit y parvenir en les retirant de la circulation à laquelle il avait été le premier à les offrir dans un autre temps. Il ré-

(1) C'est en 1826, dit M. Lafitte (séance de la Chambre des Députés du 13 août 1831), qu'il faut faire remonter le commencement de la crise commerciale ; il est vrai que la révolution de 1830 a augmenté son intensité, mais elle n'en est pas la cause.

clame ce qui lui est dû avec l'exigence qui ne permet plus le choix sur le moyen de le satisfaire. Il n'y a désormais de possibilité de réaliser des valeurs industrielles que par de grands sacrifices qui, réagissant eux-mêmes sur l'ensemble des productions, en entraînent de nouveaux.

C'est dans cet état de choses que survint la révolution de 1830.

Pouvait-on raisonnablement lui imputer un tel résultat ? non certainement ; mais nous ne pouvons nous dissimuler qu'elle a contribué à augmenter l'action déjà donnée des malheureux effets que nous allons suivre.

Déjà la crise commerciale était telle, que dans les principales villes de France les nombreuses faillites qui éclataient de toutes parts, prouvaient que ce ne pouvait être par des mouvemens brusques et irréfléchis qu'on pouvait retirer de la circulation des capitaux qui en avaient augmenté le mouvement.

La crainte de voir méconnaître le droit constitutif de la société dans la grande commotion qu'imprimait au pays le renversement de son gouvernement, ne permit plus de calculer les effets de la peur ; ils furent aggravés de tout l'abandon avec lequel on s'y était livré.

Chaque industriel devient à la fois obligé d'essayer des échanges désormais impossibles, et de s'imposer, pour la sécurité de tous, de nouveaux sacrifices, en n'arrêtant pas tout-à-coup la machine dont il avait multiplié les rouages. Pouvait-on sans danger pour l'existence de la société elle-même abandonner à ses seules ressources cette partie si intéressante de la population qui ne peut trop souvent les trouver dans ses économies, parce qu'elle se repose avec trop de confiance sur son amour du travail?

La diminution progressive des valeurs, la

difficulté toujours croissante des réalisations, provoquent de nombreuses et nouvelles catastrophes commerciales, qui, réagissant les unes sur les autres, se succèdent avec une telle rapidité, que bientôt tout est compromis; il n'est plus permis d'attendre le rétablissement de l'é quilibre du cahos dans lequel on est plongé. Les circonstances étant extraordinaires, les moyens le sont aussi alors qu'il s'agit de secourir le commerce. Tandis que le créancier se résigne avec une générosité digne d'éloges à se prêter à tout ce qu'on pouvait raisonnablement en réclamer pour faciliter les transactions, le Gouvernement lui tend une main secourable qui contribue à arrêter ce torrent déchaîné, mais non à faire disparaître les traces de ses ravages.

A cette position effrayante du commerce succède une espèce de halte, de calme, dont l'apparition seule produit un effet salutaire, parce qu'étant ordinairement le point d'arrêt du mal , il est bientôt suivi de l'espoir d'une prochaine amélioration. '

Les plaies sont encore saignantes, mais on en connaît la profondeur ; on se résigne à les voir se fermer dans un avenir non éloigné ; ce n'est ni le courage ni le travail qui présente- ront de nouveaux obstacles. On attend donc, comme on espère, ce moment si désiré où sans autre intervention que celle du temps , chaque chose reprenant peu à peu sa place, l'industrie doit trouver le débouché de ses produits, et l'équilibre se rétablir sans nouvel- les secousses : c'est ainsi qu'on se prépare à rechercher dans l'expérience du passé de pé- nibles mais utiles leçons dont l'avenir recueil- lera les fruits.

Telles étaient les espérances et les disposi- tions d'une nation grande et laborieuse, lorsque survint il y a plus d'un an ce calme qu'elle envisageait alors comme le précurseur de l'amélioration de ses intérêts.

Sa prolongation, au-delà de toutes les prévisions, augmente cet état de crise; il s'aggrave chaque jour des privations que l'inaction impose à la classe la plus nombreuse de la société; la consommation et la production agissant l'une sur l'autre dans une proportion croissante, on ne saurait envisager sans frémir la perturbation d'intérêts qui en serait la suite.

Dans une nation dont le génie et l'activité sont des élémens de vie, comme ils le sont de la prospérité et de la conservation de l'ordre, la patience est rarement le remède auquel on puisse avoir recours. De nombreux ouvriers sans travail, par conséquent sans moyen d'existence, peuvent devenir le fléau d'un état dont ils font l'ornement et la force. Que l'impatience éclate, et il n'y aura bientôt plus de frein à opposer à l'exubérance de cette population!

Puisqu'il en est temps encore, hâtons-nous de lui fournir les moyens de diriger cette activité vers le but dont nous serons fiers, et dont elle ne saurait s'écarter sans péril pour l'existence de la société elle-même.

Si, dans les circonstances ordinaires, une crise est bientôt suivie du rétablissement de l'équilibre, sans autre intervention que celle du temps, c'est parce que chaque branche d'industrie qui a été momentanément froissée ne trouve aucun nouvel obstacle à reprendre les fonctions qui lui sont assignées dans l'ordre social.

Si l'état de crise continue, c'est qu'il y a une ou plusieurs branches de cette industrie qui n'ont pu surmonter les nouvelles difficul tés de leur position : il est donc nécessaire d'en rechercher la cause, si leur mise en jeu est utile au bien-être général. La Nation vient aujourd'hui de la proclamer par l'organe de ses représentans : la cause de la prolongation de cette crise est l'incertitude dans l'avenir. C'est donc là l'obstacle qui a empêché l'équilibre de se rétablir ; c'est lui qu'il faut surmonter. Nous avouons, comme nous l'avons déjà dit, que nous ne croyons pas qu'il soit au pouvoir du Gouvernement d'y parvenir ; mais nous croyons que par l'adoption de nouveaux moyens, il lui sera possible de donner un essor aux industries restées en souffrance, et que faisant ainsi disparaître, quant à elles, les déplorables effets qui les paralysaient, il devra rétablir cette harmonie des rapports que nous appelons de tous nos vœux, parce que c'est d'elle que nous pouvons attendre l'amélioration de tous les intérêts.

Dans un état civilisé, l'industrie agricole ou manufacturière se divise en une multiplicité de branches ; elles sont liées les unes aux autres, et réagissent entr'elles, de la même manière que les divers anneaux qui composent une chaîne, participent à l'action qui lui est imprimée. Ces diverses branches elles-mêmes, qui sont l'expression des besoins de la société, y remplissent des fonctions plus ou moins importantes, en proportion du plus ou moins d'influence qu'elles exercent dans leurs rapports avec les autres. S'il est incontestable que la prospérité de l'une, quel que soit le rang qu'elle occupe par son étendue, influe d'une manière heureuse sur la prospérité des autres, il ne le sera pas moins que ses souf-frances seront également réparties dans la même

proportion : dès-lors si cette branche d'industrie en souffrance, se trouve l'une de celles
qui a le plus d'influence par ses rapports, il
en résultera que le mal qu'elle éprouve sera
fortement ressenti par toutes les autres divi-
sions de l'industrie, c'est-à-dire, par la société
entière.

Quelle est donc celle des parties importantes de l'ordre social, que cette incertitude
de l'avenir a dû plus spécialement arrêter
dans l'action qui lui est dévolue dans le mouvement général ?

Sans beaucoup d'efforts nous portons nos
regards sur le commerce maritime, parce que
de toutes les branches d'industrie, c'est celle qui
a le plus grand besoin de connaître les chances que peut lui présenter un avenir éloigné.
L'une des conditions de son existence, est
l'obligation de mesurer l'étendue des périls
auxquels il s'expose ; si à l'aide de l'ingénieux

secours des assurances maritimes, il peut pré-
server ses intérêts du danger de la navigation,
il ne peut les livrer à celui que lui présenterait
une guerre dont il ne peut mesurer le plus ou
moins de probabilités.

Dans les temps ordinaires, cette sécurité,
que réclame le commerce maritime, lui est
également garantie par les assureurs qui peuvent alors se confier aux calculs des probabilités ; mais quand il résulte de l'incertitude de
l'avenir, l'impossibilité d'apprécier la nature
des chances qu'il présente, il devient impos-
sible d'en assumer la responsabilité, par conséquent de les garantir au commerce.

Il ne suffirait pas d'ailleurs, pour que le
commerce maritime ait une entière confiance
dans la garantie des assureurs, de leur con-
sentement à la donner. Faudrait-il que l'as-
suré puisse apprécier le degré de force de l'appui qui lui serait offert. Il serait alors obligé

lui-même de consulter les probabilités de cet avenir, et il ne saurait s'exposer aux suites d'une incertitude dont il n'est au pouvoir de personne de prévoir les effets.

Ayant ainsi reconnu que de toutes les branches d'industrie, celle qui devait trouver le plus d'obstacles à son développement était le commerce maritime, il nous reste à jeter un coup-d'œil rapide sur le degré d'influence qu'il doit exercer sur les autres branches vivifiantes de l'État.

On ne peut révoquer en doute l'importance des résultats de la navigation dans un pays comme la France ; bordé par l'Océan et la Méditerranée dans une étendue de plus de 5oo lieues, arrosé en tout sens par de nombreux fleuves ou rivières qui viennent y aboutir, sa population entière est appelée à jouir des avantages que procure la facilité des communications.

C'est le commerce maritime qui donne une valeur aux produits agricoles ou industriels qu'il exporte, dont la nation surabonde, et c'est lui qui rapporte, en échange, de nouvelles jouissances, de nouveaux alimens au travail et à la production. Agrandir la sphère de la civilisation en réunissant d'intérêts et d'affections des peuples que la nature semblait avoir séparés par l'immensité des mers, établir avec un nouvel hémisphère des rapports où l'humanité, les sciences, l'agriculture et les arts ont un champ également vaste à exploiter, former d'intrépides défenseurs toujours prêts à donner à la patrie le secours de leur expérience et de leurs bras ; tels sont les avantages que le pays est appelé à recueillir de l'une des principales branches de son industrie, de celle désignée sous le nom de *commerce maritime*.

Nous nous écarterions du principal sujet que nous avons en vue, si nous analysions ses divers rapports avec l'industrie ; il nous est nécessaire cependant, pour ceux que leur éloignement des ports de mer n'a pas toujours mis à portée d'apprécier une influence dont ils peuvent n'avoir ressenti les heureux effets qu'indirectement, qu'ils soient convaincus qu'il n'existe aujourd'hui aucun genre d'industrie qui puisse s'y soustraire. Qu'ils reportent leur attention sur les divers moteurs réunis pour l'exploitation de ce commerce, sur ceux qui en retirent des moyens d'existence ou profitent de sa prospérité !

Que de bras, que de matériaux employés sous toutes les formes ! Que d'avantages attachés au travail fructueux d'une grande partie de la population ! Dès-lors, quel désordre et perturbation pour tous, quand, par un événement quelconque, cette branche d'industrie arrêtée dans sa marche, fait succéder à l'activité qui vivifie tout, le calme et l'inaction qui peut les plonger dans le cahos.

S'il pouvait s'élever encore des doutes sur l'influence qu'exerce le commerce maritime sur toutes les autres branches de l'industrie, il serait suffisant pour les aplanir de consulter l'opinion du Gouvernement lui-même, sur ses résultats. En exprimant les causes qui ont produit dans le 1er. semestre de 1831 un déficit dans les recettes de l'État de 25,561,600 fr. : « C'est, dit M. le Ministre des finances, à l'en-
» registrement et aux douanes qu'appartient
» la principale diminution; ces deux branches
» de revenus fournissent une mesure assez
» exacte du mouvement des transactions et des
» affaires. Vouloir nier que les affaires aient
» été languissantes pendant les premiers mois
» de cette année, serait vouloir contester l'é-

» vidence ; avec une nation grande et forte il
» faut avant tout dire la vérité, et montrer le
» mal pour chercher le remède. (1) »

Si le Gouvernement reconnaît que le revenu des douanes fournit la mesure exacte des transactions et des affaires, il en dérive la conséquence que c'est principalement le commerce maritime qui a produit ce déficit, puisque c'est lui qui fournit aux douanes la plus grande part des recettes qu'elles sont appelées à effectuer : c'est donc à son inaction qu'il s'agit de porter un remède.

(1) M. le baron Louis à la Chambre des Députés (séance du 19 août 1831), dans l'exposé qui précède la présentation des divers budgets.

Nous.avons reconnu que le commerce maritime occupe, dans l'organisation sociale, une
place éminemment, utile à la prospérité géné-
rále ; nous avons vu qu'il ne suffisait pas que
le Gouvernement 'en ait la volonté, pour que
l'incertitude qui en paralyse l'heureuse action
soit bientôt arrivée à son terme ; au lieu d'accepter la nécessité de nous résigner à cette
triste conséquence, nous nous sommes de-
mandés si, ne pouvant faire disparaître cette
cause, nous ne pourrions par des combinaisons nouvelles éloigner ses déplorables effets :
c'est ce que nous allons examiner.

Nous avons dit que le commerce maritime
n'était paralysé dans son action, que parce
qu'il ne pouvait assumer sur lui les chances
que lui présentait un avenir dont il n'est au

pouvoir de personne de mesurer l'étendue. Quel peut donc être le moyen de lui rendre son activité ? il nous paraît naturellement indiqué : c'est de lui garantir que ses intérêts n'auront point à souffrir des chances auxquelles il n'ose s'exposer.

Qui doit lui offrir cette garantie, et comment lui sera-t-elle donnée ? Telles sont les questions dont la solution paraît facile.

C'est la société tout entière qui est appelée à profiter des avantages que procure le commerce maritime; pourquoi ne le serait-elle pas à supporter, dans une proportion infiniment moindre, les pertes qui hors des prévisions humaines frapperaient le petit nombre de ceux qui l'exploitent ? N'est-il pas de l'équité la plus exacte que toutes les branches d'industrie qui ont joui des bénéfices qu'il procure, supportent leur portion des pertes qui pourraient lui survenir ? Il appartient au Gouvernement auquel est confié la direction de tous les intérêts, de les appeler à concourir à une garantie dont ils doivent recueillir tous les fruits ; au lieu de les trouver sourds à sa voix, ils seront empressés d'y répondre.

Indépendamment du bénéfice matériel que la Nation y trouvera, elle sera encore la première à faire ce nouveau pas dans la carrière de la civilisation.

Cette innovation, si elle ne devait par ailleurs procurer à la masse les avantages réels que nous en espérons, consacrerait un principe d'équité dont la reconnaissance offrira une nouvelle preuve du perfectionnement de l'ordre social.

Nos lois dans leur esprit ne sont-elles déjà d'accord avec la consécration de ce principe ?

La Patrie n'a-t-elle déjà senti la nécessité d'accorder sa protection à tous les individus qui la composent ? Refuse-t-elle son intervention à ceux auxquels elle doit être utile ; ne s'impose-t-elle pas au contraire de nombreux sacrifices toutes les fois qu'elle a à réclamer contre l'injustice dont le nom français aurait eu à souffrir? N'entretient-elle pas des armées, des flottes toujours prêtes à faire respecter ses droits? N'a-t-elle reconnu elle-même l'importance de son commerce maritime, lorsque de nombreux armemens sont répandus sur toutes les mers, pour lui accorder la protection dont il pourrait avoir besoin? S'est-elle jamais refusée à réparer ces grands désastres que les prévisions humaines n'auraient pu éviter ? Quand les élémens déchaînés, ont plongé dans l'abîme la fortune industrielle d'un plus ou moins grand nombre d'individus, ne s'est-elle empressée de réparer les malheurs qui les avaient frappés? Elle fait plus : elle accorde à quelques industries qui ne pourraient se soutenir sans son appui, des secours bien autre-

ment dispendieux pour la masse. Les prohibitions, les entraves de toutes espèces établies
par les douanes, ne rejaillissent-elles pas sur
la majorité des productions agricoles et industrielles?

Si elle a déjà déclaré que sa reconnaissance
était acquise à tous ceux qui lui avaient rendu
des services; si elle paye avec usure les moin-
dres qui lui aient été signalés, comment ferait-
elle une exception pour ceux dont elle retire
de si grands avantages?

Ainsi, la société, dans l'intérêt même de
sa conservation, garantit à chacun de ses
membres ces calamités imprévues dont leurs
fortunes pourraient être atteintes, tels que
grêle, incendie, inondations, invasion d'ennemis, etc., etc.; et elle serait sourde à la
voix du commerce maritime venant lui demander la réparation des pertes que lui aurait
occasionné une guerre qu'il ne pouvait pré-

voir? Nous ne pouvons le supposer. Nous en remettrions-nous aussi avec sécurité à l'avenir, du soin de réparer les malheurs dont cette branche d'industrie pourrait avoir été frappée, les droits de l'équité ne pouvant être méconnus?

Mais ce n'est pas à réparer des malheurs non arrivés, que nous devons travailler aujourd'hui ; c'est à mettre en mouvement une industrie dont l'action influe sur toutes les autres : cette industrie ne peut y consentir sans obtenir à l'avance toutes les garanties nécessaires à son existence. Puisque la raison et l'équité s'accordent pour croire que la Patrie ne lui refusera pas la réparation de malheurs qu'il n'est au pouvoir de personne d'éviter, donnons-lui à l'avance cette sécurité, qui lèvera tous les doutes d'un avenir auquel rien ne l'empêchera désormais de se livrer.

Ainsi, que le Gouvernement proclame : que toutes expéditions maritimes sous pavillon français, faites en temps de paix, ne demeurent pas seulement sous la sauve-garde de la Nation, mais sont à ses périls et risques pour pour tous événemens qui pourraient leur survenir par suite d'un fait quelconque qui serait la suite d'un état d'hostilité, ou de guerre déclarée ou non, de la part de l'une ou des nations reconnues par le droit public de l'Europe, ou par le simple fait de sa constitution !

Qu'il déclare que ces pertes, régulièrement constatées, doivent être religieusement payées après qu'elles auront été reconnues.

Qu'il présente comme moyen d'exécution, un bureau d'assurances auquel il déléguera les pouvoirs nécessaires pour délivrer et suivre ces actes de garantie ; véritables polices d'assurances, ils devront être soumis, pour leurs effets et réglemens, au droit commun et à celui spécial qui régit les assurances commerciales.

Que l'action de ce bureau se multiplie en proportion du besoin qu'on en aura.

Qu'au lieu d'imposer au trésor de nouvelles charges, il lui procure au contraire une rentrée d'autant plus précieuse qu'elle lui fournira le moyen d'apprécier tout le bien qu'il aura produit (1).

(1) Notre opinion est que l'action de ce bureau sera productive au lieu d'être onéreuse au trésor, et voici sur quoi nous l'établissons.

Chaque expédition maritime peut sans inconvénient supporter la légère dépense d'un quart de franc par cent francs du capital représentatif de sa valeur.

Prenant pour base une circulation annuelle de 900,000,000 f. pour la totalité des exportations et importations (y compris la valeur des navires employés à l'allée et retour), nous trouvons un produit présumable de. . . . . F. 2,250,000

Les dépenses de ce bureau, d'après l'idée que nous nous formons de son administration, ne pourraient s'élever, pour tous frais, au-dessus de 100,000 f.; calculons néanmoins sur. 150,000

Resterait donc un bénéfice annuel pour le trésor de 2,100,000

Cette somme pourrait recevoir spécialement une destination qui paraît naturelle, celle de former progressivement le portefeuille destiné à payer les pertes qui pourront survenir par suite de la garantie que le Gouvernement aurait mis à sa

Que le commerce maritime, auquel on ne saurait imposer l'obligation d'y avoir recours autrement que par les avantages qu'il y trouvera , se soumette au paiement d'une légère prime en échange de la garantie qu'il lui sera facultatif de réclamer. Que cette prime, considérée plutôt comme un droit d'enregistre-

charge. Il est aisé d'apercevoir que si une guerre maritime ne survenait que dans un certain nombre d'années, le Gouvernement trouverait dans cette réserve tout ou partie des fonds dont il aurait besoin pour le paiement des pertes qu'il aurait à effectuer.

Qu'on ne suppose aucune exagération de notre part dans l'évaluation de ce produit. En appréciant à 900 millions la valeur totale du mouvement confié à la navigation, nous n'avons calculé que sur la moindre circulation ordinaire. Nous en appelons au témoignage de nos collègues. Nous avons supposé que l'ensemble des navires ne fait que trois voyages entiers dans l'espace de deux ans ; chaque voyage se composant de l'allée et retour, il en résulte que 300 millions, valeur commune de 275,000 tonneaux , cargaisons et navires compris, seront présentés six fois à la garantie du Gouvernement dans deux ans. Si le Gouvernement perçoit $1/4$ p. °/₀ chaque voyage , il percevra sur 300 millions $\times$ 6. 4,500,000 fr. dans ces deux années, ce qui équivaut à 2,250,000 fr. par an. (Voyez l'évaluation des navires et cargaisons , p. 58.)

ment et de surveillance des actes de garantie, que comme ressource pécuniaire de l'État, soit assez modérée pour ne gêner en rien la marche de ce commerce.

Tel est le moyen que je propose d'adopter; son effet immédiat, en donnant au commerce maritime l'activité qu'il ne saurait avoir sans lui, sera de rétablir l'harmonie des rapports dans les diverses branches d'industrie, et de faire succéder bientôt une amélioration générale à l'état de crise dont la prolongation est insupportable.

Qu'on ne croie pas que ce seul moyen puisse donner à notre commerce le développement dont toutes les industries ont un égal besoin; son effet immédiat doit être seulement de le ramener naturellement vers cet état d'amélioration qui doit terminer la crise.

Il continuera, même dans un état ordinaire et lorsque l'équilibre sera rétabli, à être pour l'une des branches les plus importantes du commerce, un motif de sécurité qui sera fécond dans ses résultats.

Quand on compare les forces maritimes de l'Angleterre avec les nôtres, qu'on cherche à se rendre compte de la supériorité de la marine marchande qui occupe quatorze à quinze mille navires, tandis que nous en comptons un nombre dix fois moindre, doit-on être surpris du sentiment de crainte qui paralyse notre commerce maritime? Ne l'avons-nous pas vu constamment obligé d'épier cette politique anglaise qui lui présente tant d'écueils? Ne s'est-il pas imposé à plusieurs reprises des pertes réelles, justifiées par la prudence que commande la conservation des intérêts particuliers? Ainsi, pour citer des exemples, trop près de nous pour avoir été oubliés, chaque incident survenu depuis dix ans dans la politique a occasionné à notre commerce d'énormes sacrifices. Lors de l'entrée de nos troupes en Espagne en 1823, une simple démonstration de nos forces pouvait amener une rupture ; par ce motif seul, sans oser attendre de l'avenir la connaissance des conventions diplomatiques, le commerce se hâte de payer à chers deniers la prudence qui lui dictait l'obligation de se faire assurer contre une guerre non encore déclarée et à peine prévue : on ajoute aux frais d'expédition 8 à 10 p. % de la valeur des marchandises qui sont dirigées d'un port de France dans un autre port (1). Les expéditions de long cours furent suspendues, et celles qu'on attendait des lieux éloignés supportèrent d'énormes sacrifices ou coururent forcément des chances dont le crédit de plus d'une maison fut ébranlé.

(1) Tous les négocians savent que pendant trois mois que dura notre marche en Espagne, les primes d'assurances furent subitement portées et maintenues à ce prix.

L'honneur national exigeait une réparation éclatante de l'affront reçu par notre pavillon à Alger. Nos forces maritimes essaient, mais en vain, d'en dicter les conditions à des barbares qui calculaient mieux les avantages de leur position, qu'ils n'appréciaient l'impétuosité d'un courage que n'arrête aucun obstacle.

Tant que la France était occupée à lutter contre les dangers de cette expédition, on n'avait rien à craindre d'une situation qui ne changeait rien à la politique des états; dès que la victoire nous assure la possession d'Alger, le commerce maritime appréhende le ressentiment de la jalousie; ce que n'avait pas produit la guerre, un point d'arrêt dans les affaires, est le résultat de la crainte de voir compromise la durée de la paix ! Enfin, tout récemment encore, nos justes réclamations contre le Portugal n'ont-elles contribué à augmenter les inquiétudes du commerce ?

Les débats politiques de nos Chambres,
ceux des pays voisins, en mettant les peuples
à portée d'être juges des relations qu'ils cul-
tivent, leur laissent mesurer si bien le degré
de confiance qu'elles méritent, qu'il les iden-
tifie en quelque façon avec les difficultés qui
apparaissent. Elles sont fréquentes, et elles
doivent l'être, dans les gouvernemens con-
stitutionnels dont la principale force consiste
dans le mouvement qui accélère les améliorations. N'y voit-on pas les questions de per-
sonnes qualifier des questions de guerre ou
de paix? Que dans un pays comme l'Angleterre, dont les esprits froids sont habitués
à attendre du temps la solution des difficultés
du présent et de l'avenir, la société entière ne
soit point ébranlée par l'anxiété de l'incertitude, cela se conçoit; mais en France où
l'exaltation des sentimens exagère le bien
comme le mal, le commerce maritime ne

peut se permettre cette sécurité ; le moindre
obstacle qui lui porte ombrage, se fait ressentir
avec la promptitude de l'éclair sur toutes les
autres branches productives de l'État. Il sera
donc encore vrai que le moyen qui le mettra
à l'abri des oscillations inséparables de la politique, produira toujours les plus heureux résultats.

Ce ne pourra être que lorsque le commerce
maritime aura repris l'essor qui est nécessaire
à son existence, que le Gouvernement réali-
sera les projets d'amélioration qu'il paraît avoir
conçus. Alors ce ne sera pas en vain qu'un
ministre de l'État aura proclamé à la tribune
« que le système de nos douanes peut être
» modifié avec avantage ; que l'affaiblissement
» graduel des prohibitions trop rigoureuses,
» donnerait de l'extension au commerce et
» des revenus au trésor public ; qu'il y a
» dommage pour tous les intérêts dans les en-

» traves que des jalousies irréfléchies mettent

» aux relations des peuples; enfin, que divers

» changemens à nos tarifs doivent être pro-

» posés (1). »

Ces améliorations, qui seront la véritable source des prospérités publiques, ne peuvent être que graduellement amenées pour ne pas froisser certains intérêts qui ont un droit égal à la protection de tous; ce n'est donc que du temps et de la persévérance que nous pouvons les espérer, tandis qu'il ne nous est plus permis d'attendre l'adoption de telle ou telle mesure, qui mette un terme à la crise actuelle. Il faut opérer vite et d'une manière efficace, si l'on ne veut s'exposer à mettre en péril l'existence sociale elle-même. Nous le répétons, nous ne voyons aucun moyen plus sûr que celui que nous avons proposé, de faire disparaître

(1) Discours de M. le baron Louis à la Chambre, 19 août 1831.

les fâcheux effets de l'incertitude dont le pays attend la fin.

><

Nous n'ignorons pas que toute idée d'innovation entraîne avec elle des oppositions systématiques ; que des esprits éclairés, de bonne foi même, entraînés malgré eux dans l'ornière du passé, repoussent avec chaleur et talent tout ce qui pourrait les en détourner.

Nous savons aussi qu'il faut se méfier d'une prévention favorable, et ne pas accueillir sans un mûr examen, une combinaison dont l'essai, s'il ne faisait beaucoup de bien, produirait beaucoup de mal. Il n'y a pas de petits résultats alors qu'ils intéressent les masses. Examinons donc les motifs qui pourraient faire craindre l'adoption de la garantie que nous demandons.

Et d'abord en économie politique rien ne s'y oppose.

Si divers systèmes sont en présence et ne peuvent s'accorder sur la nature d'intervention que le Gouvernement doit au commerce, ils se rencontrent tous dans le même but, celui du bien général.

Les uns provoquent la protection du Gouvernement sur tel ou tel genre de production, parce qu'ils supposent qu'elle doit exercer une heureuse influence sur tous ; d'autres la repoussent, pour la faire agir par des motifs de préférence sur d'autres espèces d'industries dont le développement leur paraît plus profitable aux intérêts généraux : il en est enfin qui inspirés par les mêmes motifs, dans la crainte que cette protection du Gouvernement ne puisse être portée sur une spécialité d'industrie, qu'au préjudice de l'ensemble, croient plus salutaire l'absence totale de son intervention.

Nous ne réfuterons ni n'adopterons ici aucun de ces systèmes. Appuyés par des économistes distingués par leur expérience et leurs talens, nous ne les avons cités que pour faire remarquer qu'il n'en est aucun qui ne trouve dans notre proposition le moyen d'atteindre le but qu'il se propose ; car elle est toute à l'avantage des intérêts agricoles et industriels ; il n'existe aucune branche d'industrie à laquelle l'intervention du gouvernement que nous appelons puisse porter le moindre ombrage.

Le commerce des assurances maritimes lui-même, ne peut y trouver qu'un nouveau motif d'espoir et de réussite. Si le Gouvernement devient assureur de la guerre en temps de paix, ce n'est que pour redonner la vie et l'action au commerce maritime ; les assureurs qui, comme par le passé, seront appelés à assumer sur eux les dangers de la navigation , retrouveront de nouveaux élémens de succès, dans l'intervention qui multipliera la quantité des risques qui leur seront offerts. C'est, comme on le sait , sur le grand nombre et la division des risques maritimes, que repose le calcul des probabilités.

Mais les assureurs se chargent des risques de guerre, pourrait-on objecter, et ce serait nuire à leur industrie que de se mettre en concurrence avec eux ?

Oui, sans doute, le système des assurances est assez large pour se prêter à toutes les combinaisons ; mais faut-il encore qu'il repose sur une base quelconque ; est-il possible d'en trouver une dans l'incertitude qu'on ne peut aujourd'hui séparer de l'avenir? L'assureur pourrait-il mesurer l'étendue du risque dont il se chargerait? certainement non. Par conséquent il n'y a pas même d'assurances possibles quand son opinion ne peut poser les limites des chances auxquelles il s'expose. Que la guerre soit déclarée, et l'assureur ne sera nullement contrarié dans ses opérations ; il ne faut pas perdre de vue que nous ne demandons au Gouvernement sa garantie contre les effets de la guerre, *que durant la paix.*

Si l'on objectait encore que, malgré l'incertitude actuelle, des armateurs trouvent la possibilité de se faire assurer contre les chances de guerre, l'examen des faits accomplis nous fournira de nouveaux motifs de persévérer dans notre proposition. Qu'on sache que si des assurances contre les risques de guerre ont été effectuées, elles n'ont pu l'être qu'en

pays étranger; que nous avons été contraints (cédant au besoin de n'avoir négligé aucune des mesures que peut susciter la prudence, plutôt qu'à l'espoir d'obtenir un gage de sécurité réelle) d'avoir recours à l'Angleterre; que nous lui versons ainsi des capitaux qui diminuent d'autant la circulation en France; que ce gage, obtenu à chers deniers, est bien éloigné de donner à ceux qui l'achètent cette confiance dans l'avenir sans laquelle on ne peut s'y livrer sans réserve. Les lois en Angleterre défendent aux citoyens toute combinaison qui leur ferait perdre d'un côté, ce que l'État aurait pu gagner d'un autre par la prise faite sur l'ennemi. Ce n'est donc, quand on s'adresse aux assureurs anglais, qu'une garantie purement facultative de leur part qu'on en obtient, et pour laquelle on n'a d'autre moyen de les contraindre à en exécuter les suites que tout autant qu'ils veulent y consentir bénévolement.

Est-ce là, nous le demanderons, cette sécurité entière qui est seule capable de rétablir l'activité du commerce ? Nous ne pensons pas qu'on puisse s'arrêter à une telle objection. En supposant même qu'elle fût fondée, nous n'aurions besoin, pour en détruire les conséquences, que de présenter les effets matériels qui accompagnent toujours les transactions commerciales lorsqu'elles sont livrées aux chances de l'incertitude. Ces effets, reconnus par une longue expérience, sont de grever de frais et de dépenses inutiles le transport de marchandises dont la valeur n'augmente jamais dans la même proportion.

On considère cette augmentation de frais comme un malheur qui ne doit atteindre que celui qui, par la spécialité de son industrie, peut retrouver plus tard une compensation dans l'économie qu'il provoquera, ou dans les circonstances heureuses qui pourront se pré-

senter : circonstances d'ailleurs toujours rap-
prochées du présent, parce qu'il est de la nature humaine de croire à ce qu'elle désire.

Il en résulte qu'on ne saurait se soumettre
sans danger à la perspective d'une concurrence
prochaine, qui n'aurait pas les mêmes frais à
supporter. Croira-t-on que cette augmentation,
véritable perte pour le commerce maritime,
soit de nature à encourager ses efforts, alors
même qu'ils ne seraient pas entourés de tant
d'inquiétudes? Nous ne pouvons le penser.

Le commerce maritime, comme tous les
autres, a besoin de fixité dans ses calculs ;
c'est par ce motif qu'il ne demeure pas dans
l'inaction alors que la guerre est déclarée ; la
cause est facile à en saisir. Il ne livre pas en
aveugle ses intérêts aux chances du hasard :
s'il s'assujettit à l'augmentation de frais énormes, c'est qu'il calcule que ce n'est qu'une
avance sur la rentrée de laquelle il peut comp-

ter. Si un navire arrive heureusement à sa destination, la plus value des marchandises dont il est chargé compense et au-delà toutes les dépenses faites : si, par un événement malheureux, ce navire devient la proie de l'ennemi, ce ne sera pas en vain qu'il réclamera de ses assureurs le paiement de ses pertes, parce que ceux-ci à leur tour, ayant pu mesurer l'étendue de la garantie qu'ils ont donnée, ont pu la faire payer au taux nécessaire pour leur permettre l'accomplissement de leurs promesses.

Mais il ne s'en suit pas de là que le commerce maritime puisse *à fortiori* continuer ses opérations, quand la guerre non encore déclarée laisse la possibilité du maintien de la paix. Dans le doute, il s'abstiendra. Il ne serait pas rationnel de lui supposer l'inconséquence de s'exposer à faire l'avance des frais d'un temps de guerre, pour réaliser ses pro-

duits dans l'ordre établi par la paix. C'est cependant ce qu'il faudrait admettre, si l'on per-
sistait à croire que dans l'ordre actuel des
transactions, le commerce peut recouvrer son
activité sans avoir recours au moyen que nous
proposons. Une telle opinion aurait pour résultat de laisser les choses dans l'état où elles
sont aujourd'hui. Qu'on analyse les faits que
nous avons sous les yeux, et l'on dira si la
continuation de cet état est possible.

Mais abordons actuellement une objection
grave ; elle doit mériter un examen d'autant
plus sérieux, que c'est le Gouvernement qui,
dans l'intérêt de tous, doit la soulever et la
résoudre.

A quelle somme le trésor public doit-il
évaluer les pertes qui pourront lui advenir,

s'il consent à la garantie qu'on lui demande?

Les services administratifs pourront-ils être contrariés dans leur marche, également nécessaire à la prospérité de l'Etat, le jour où, par l'effet d'une guerre, le trésor se trouvera obligé de payer les pertes qui résulteront de cette garantie ?

Le crédit public pourrait-il s'altérer par la crainte de voir grever le Gouvernement d'une dépense dont on ne connaîtrait ni la quotité ni l'échéance?

Pour être fixé d'une manière précise sur l'étendue de la garantie qu'on demande au Gouvernement, il faut des chiffres. Pour les établir, il faut les puiser dans une statistique exacte que lui seul possède ; mais si nous en sommes privés, nous avons pu trouver dans les renseignemens dont nous nous sommes entourés, les bases d'évaluations auxquelles nous allons nous livrer ; bien qu'elles ne soient pas appuyées des documens officiels auxquels il n'y a rien à opposer, elles nous paraissent suffisantes pour poser les limites rationnelles de cette garantie.

Nous évaluons à 1,500 navires, jaugeant ensemble 275,000 tonneaux de mer, la totalité des bâtimens français employés aux voyages de long cours.

S'ils se trouvaient tous chargés et en mer à la fois, ils présenteraient une valeur flottante et totale (navires et cargaisons compris) de 300,000,000 fr.

Si donc on voulait calculer le maximum des risques dont le Gouvernement pourrait être chargé, si l'on voulait admettre comme possible, la guerre survenant, que 1,500 navires, répandus sur toutes les mers, fussent pris par les ennemis comme une souris dans une souricière, il résulterait d'une telle hypothèse

que la perte du Gouvernement pourrait s'élever à 3oo millions.

Il n'est pas à présumer qu'il vienne à l'idée
de quelqu'un de s'y arrêter.

Pour asseoir le calcul des probabilités et le
faire reposer sur des faits, c'est dans le passé
que nous devons chercher les prévisions de
l'avenir.

Dans l'ordre naturel des expéditions maritimes, et c'est celui qu'il s'agit de rétablir aujourd'hui, l'expérience a démontré que les navires, dans leur emploi, se divisaient toujours
de manière à ce que :

Le quart en nombre fût employé dans les
ports de France à y recevoir leurs charge-
mens ou à y déposer leurs cargaisons.

Un second quart est employé de la même
manière dans les ports des colonies.

Les troisième et quatrième quarts parcourent les mers, l'un pour atteindre le but du voyage d'allée, l'autre celui de retour.

Il n'y a donc, par suite de cette division naturelle des risques, jamais plus de la moitié des navires qui se trouvent en mer. C'est-à-dire, une valeur flottante de 1 5o millions, représentative des 1 3 7,000 tonneaux qui la forment.

Actuellement, faisons une ample part à la guerre! Supposons que celle qui pourra survenir soit aussi désastreuse que la dernière que nous avons eue avec l'Angleterre : c'est le pire que l'on puisse admettre, et il n'est même pas probable dans l'état actuel de la civilisation en Europe. On ne verra certainement plus se renouveler la violation du droit des gens, sans exemple, qui fut la cause que grand nombre de nos navires devinrent la proie des ennemis, avant que la guerre fut déclarée.

Nous établissons cette hypothèse pour que les consciences les plus timorées puissent juger l'étendue des risques de la garantie du Gouvernement, suivant tout ce qu'elles pourront craindre. Hé bien! quel fut le résultat d'une pareille guerre, survenue à l'improviste, pour le commerce maritime? Un peu moins que le tiers des navires qui parcouraient les mers furent pris. (1).

Comme nous l'avons déjà vu, les navires en mer ne formant que la moitié de ceux employés par le commerce, ce n'est donc que le tiers de cette moitié flottante qui peut devenir

(1) Nous pouvons en offrir la preuve par un fait à la connaissance de tout le commerce de Bordeaux. A cette époque, les polices d'assurances maritimes de cette place mettaient à la charge des assureurs tous les risques de guerre qui pouvaient survenir pendant la durée du voyage, à la condition que la prime serait augmentée, le cas advenant, par des arbitres en proportion des risques que les navires auraient courus. On conçoit que le réglement à faire reposait sur des données trop vagues, pour établir les droits respectifs des parties suivant la lettre du contrat. Les arbitres furent obligés d'en suivre l'es-

la proie de l'ennemi. ,Soit le tiers de 150 millions, c'est-à-dire, 50 millions de perte qu'aurait à supporter la Nation, ce qui est un peu moins de 5 pour cent du budget ordinaire des dépenses d'une seule année, ou bien l'équivalent du déficit que présentent les revenus du trésor dans l'année 1831, si le second semestre ressemble au premier pour le produit de l'enregistrement et des douanes. Ce déficit a été, comme nous l'avons déjà dit, de 25 millions 561,600 fr., pour les six premiers

prit, qui était évidemment que cette augmentation de prime fournisse assez de fonds à l'assureur pour lui permettre l'exécution des engagemens qu'il avait contractés. Que fit-on pour régler à Bordeaux les pertes de cette même guerre? On attendit de connaître la totalité de celles qu'auraient à payer les assureurs; il fut reconnu que les diverses augmentations acquises, présentant une prime commune de 33 pour cent sur la totalité des risques *flottans* à cette époque, seraient suffisantes pour les indemniser de la totalité de leurs pertes. Si quelques-uns y perdirent, d'autres réalisèrent des bénéfices sur ce réglement. Nous observerons à ce sujet que les difficultés sans nombre qui se sont élevées entre les assureurs et les assurés, ont engagé depuis à supprimer cette condition des polices.

mois , sur ces deux seules branches du revenu public.

Nous avons consenti à n'envisager le côté le plus onéreux de notre proposition que pour qu'on ne croie pas que nous nous sommes bercés d'illusions. Par ce moyen , nous serons même plus à notre aise pour exprimer l'espoir que l'issue d'une guerre quelconque, ne restera pas pour le Gouvernement sans compensation pour ses pertes.

Ce n'est pas être présomptueux que de compter sur les efforts d'une marine qui , dans un espace de temps aussi rapproché , vient de présenter à l'histoire comme à notre reconnaissance les combats de Navarin , d'Alger et du Tage. Les prises que feront les navires de l'État diminueront d'autant la perte que l'ennemi nous aura occasionnée. Sans faire rétrograder la marche de la civilisation , ni blesser les droits de l'équité, le Gouvernement pourra exercer par ses propres mains une compensation d'intérêts de même nature, dont l'effet sera de le faire rentrer dans tout ou partie des débours que peut lui coûter sa garantie.

Dans les traités à intervenir qui régleront les conditions de la paix, mieux instruit des pertes ou des revendications du commerce, elles reposeront sur des données plus certaines.

Il ne sera plus exposé à perdre de vue les justes réclamations de Français qui, depuis quatre ans, se plaignent inutilement de ce que leurs intérêts ont été froissés par une violation du droit des nations, qui reste dans l'oubli alors qu'elle ne provoque pas le scandale de sa publicité.

Quant aux craintes qui s'appuieraient sur les entraves que pourraient susciter à la marche de l'administration, le paiement imprévu de spertes occasionnées par cette garantie, on ne saurait sérieusement s'y arrêter. De simples moyens d'exécution, aussi facilement appliqués qu'ils devront être conçus, aplaniront aisément tous ces obstacles.

Le Gouvernement constitutionnel n'accordera la garantie qu'on lui demande que par une loi ; c'est elle qui réglera les conditions qui concilieront à la fois les intérêts du commerce avec ceux du trésor.

Ce serait méconnaître la source de la confiance qu'on a dans un gouvernement, si l'on supposait que l'adoption d'une pareille mesure fût susceptible d'altérer le crédit public. Dans un État, toutes les prospérités ou toutes les souffrances étant étroitement liées les unes aux autres, ce ne sera jamais une amélioration matérielle de tous les intérêts, qui augmente elle-même la force et la richesse de la Nation, qui devra diminuer la confiance dont elle est digne. Tout ce qui contribue à l'affermissement des fortunes privées, au rétablissement d'une circulation éteinte, imprime le même mouvement à la fortune de l'État. On peut s'en rapporter d'ailleurs sans crainte à la saga-cité de MM. les capitalistes, qui ne se méprendront point sur leur véritable intérêt.

Croirait-on enfin que notre proposition est susceptible de susciter de nouvelles difficultés au Gouvernement, par la crainte de la voir mal interprétée par les puissances de l'Europe, en ce sens que leur méfiance s'augmenterait de toutes les précautions dont nous nous entourons à l'avance pour la possibilité d'une guerre? Si un pareil obstacle était à redouter, il ne saurait être de durée. Ce n'est pas dans le siècle où la civilisation a fait assez de progrès pour ne pas être effrayée de la réunion de tous les moyens de se préparer à la guerre, qu'on pourrait craindre les effets de l'adoption d'une mesure inoffensive, qui ne doit influer d'une manière heureuse sur le présent qu'on connaît, que parce qu'il lui offre une garantie pour un avenir qu'on ignore. Si l'on admettait une pareille susceptibilité, ces mêmes puissances n'auraient-elles pas les mêmes inquiétudes, à l'apparition de toute amélioration dans notre système intérieur, dont l'effet serait d'augmenter la sécurité de chacun, la force de tous. Il nous semble, au surplus, que nous ne trouverions aucun empêchement à ce qu'elles nous imitent, si bon leur semble. «

Après nous être livrés à l'examen des principales objections que pourra soulever notre projet, en présence d'aussi faibles sacrifices et d'aussi grands résultats pour la société, nous ne verrions pas quels motifs pourraient faire hésiter le Gouvernement à l'adopter. S'il pouvait conserver des doutes sur la question d'ar-

gent qui peut s'y rattacher, nous lui rappelle-
rions le langage plein de vérité de M. le Ministre des finances, dont l'opinion doit avoir quelque poids.

« Dans l'administration des états comme
» dans les affaires des particuliers, il est telle
» économie qui, productive en apparences,
» peut en réalité devenir ruineuse. L'agricul-
» teur qui, pour diminuer ses charges, éco-
» nomiserait sur la semence, ferait de l'aveu
» de tous un calcul insensé..... Les dépenses
» publiques, quand elles sont approuvées par
» la raison, ne sauraient être stériles. »

Que le Gouvernement se hâte donc de donner au commerce maritime la garantie que
nous lui réclamons. L'activité qu'il rendra à
cette branche importante de l'industrie rejail-
lira avec promptitude sur toutes les autres. Ce
sera le plus sûr moyen de mettre un terme à
la crise dont tous les intérêts souffrent, de pour-

voir aux be[illegible]es classes pauvres et la-
borieuses qui languissent dans l'inaction, d'augmenter ainsi d'une manière heureuse pour
tous les sources de la prospérité publique!

Plus nous examinerions cette innovation,
plus elle nous paraîtrait féconde en heureux
résultats. Si ceux qui ne croient qu'aux faits
consommés la révoquent en doute, du moins
ne pourront-ils se refuser à la croire capable
de faire succéder l'espoir au découragement,
et, comme telle, susceptible de rendre d'utiles
services au pays.

BORDEAUX. IMPRIMERIE DE CHARLES LAWALLE NEVEU,
ALLÉES DE TOURNY, N°. 20.